# SKELETTFUNDE

*Cui dono lepidum novum libellum?*
*Pro amore vitae meae*
*M.I.M.*

IRMGARD HIERDEIS

# Skelettfunde

**Bibliografische Information der Deutschen Nationalbibliothek**
Die Deutsche Nationalbibliothek verzeichnet diese Publikation in der
Deutschen Nationalbibliografie; detaillierte bibliografische Daten sind
im Internet über http://dnb.d-nb.de abrufbar.

Satz, Umschlaggestaltung und Verlag: BoD · Books on Demand GmbH,
In de Tarpen 42, 22848 Norderstedt
Druck: Libri Plureos GmbH, Friedensallee 273, 22763 Hamburg

ISBN: 978-3-7597-0937-0

Nichtsahnend, und daher unschuldig,
spazierten wir sonntags im Nebelpark,
aus dem Steine aufragten, mit
verblichenen Inschriften, hic iacet,
und wir sahen angestrengt weg.
Die Bäume über uns wehten uns
Erinnerungen zu, die wir verscheuchten.
Hier wollten wir leben, nur hier!
Das Jetzt war der Zukunft überlegen,
wir hielten es fest in der Hand.
Von den Schatten, die uns trafen,
ging keine Gefahr mehr aus.
Der Griff in die lebendige Hand,
der rasche Biss in den Apfel,
so frisch zermalmt kam auf einmal
die Gegenwart um die Ecke,
und wir griffen gierig danach.

Skelettbäume, durch die ein Abendrot bricht,
unbewegte Blätter spielen Personentheater,
ein Ballett aus Greisen,
mit grotesken Verrenkungen in den Ästen.
Sie feuern gegen jeden, der von unten kommt.
Ein Heer von Schafswölfen ruht sich aus.
Niemals zwischen den Ohren kraulen!
Wir haben die Warnungen vergessen,
wie wir so ziemlich alles vergessen haben.
Die Wildnis ist mitten unter uns gelandet.

Ich schäme mich für jede Tür,
die ich nicht eingetreten habe,
und ich bedaure meine eingefrorenen Hände,
die sich aufmachen müssen zum Schlag
gegen Baumfäller.
Ich weine um die Verspätung
einer Erkenntnis,
der ich nicht gewachsen war,
als die Zeit drängte,
sich einzumischen.

Ich träume von einem weißbärtigen Alten,
der, ganz Oheim, im Bett liegt und weint.
Ich schließe die Augen.
Dahinter bildet sich mein Leben ab,
mein haltloses Schwanken.
Am nächsten Morgen wirst du sterben
und mich mit deinem Traum verfolgen.

Die späten Abendstunden im Hindernislauf
zu den notwendigen Verrichtungen.
Da kippt ein Stuhl, den ich streifte,
da klirrt ein Glas auf den Steinboden.
Was sind das auf einmal für Geräusche?
Schon lange zischt und summt es im Ohr,
jemand brüllt mir Unverständliches zu.
Ich kann nicht antworten, die Wörter
stecken im Schleim gefangen, sie gaukeln mir
einen Sinn vor, der nicht von mir ist.
Sie kullern als blasige Vokale unter die Dielen.

Die Welt ebnet sich ein.
Wo eben noch der Holunder duftete,
rieche ich Luft, nichts als Luft.
Der Gaumen leugnet die Unterschiede
von Essig und Zucker.
Vor mir Schemen statt Konturen.
Schon lange gibt es kein Vis-à-vis mehr.
Meine Grasexistenz strebt unter die Wurzeln.
Stetig wandle ich mich zum schwebenden Blatt,
farblos, fast weiß, im gebleichten Kittel.

Unterm letzten Atemzug noch die eine Gewissheit:
Ihr wartet auf mein Testament, stimmt's?
Wem sollte ich meine Satzteile vererben?
Streitet ihr euch um meine unverständlichen Krümel?
Hat gar einer meinen goldenen Stift gesehen?
Oder wenigstens den silbernen?
Will jemand meinen zerkratzten Schreibtisch?
Die Hinterlassenschaft einer verlorenen Existenz
wird mit Sicherheit auf dem Sperrmüll landen.

Im Garten weht ein sanfter Wind.
Wo Blätter hingen, bewegen sich
Schwarzweißfiguren, das ist mein Augenfilm.
Im frisch umgegrabenen Beet bleiben
die Schuhe stecken.
Soll ich in Strümpfen weiterlaufen?
Sie ist ein Moor, die Erinnerung,
das überall nachgibt.
Ich sinke immer weiter ein.
Eigentlich sollte Sommer sein,
eigentlich bin ich noch am Leben.

Nicht einschlafen, schreit die Stimme.
Sie halten mir einen Becher mit Kaffee
an die Lippen, aber ich habe vergessen,
wie das gehen sollte, das Trinken.
Ein paar Hände halten mich am Atmen,
sie drücken mit Macht auf meine Rippen,
brechen in meinen Schlaf ein.
Ich wollte doch – was wollte ich?
Unversehens bin ich ein weißes Neutrum
geworden, das langsam versinkt.

Immer größer die weiße Fläche, ein
Schneefeld ohne Fußspuren, wie
aufgebahrt zum Abschied.
Die Luft hebt sich,
eine Amsel flattert voraus.
Es wirbelt mich nach oben,
ein Windhauch kreiselt mich ein,
und das Gefieder sträubt sich,
dann teilt es den Himmel,
lässt die schon verdammte Erde
hinter sich.
Wenn das der Tod ist ...?

Ich haste den Erinnerungen hinterher,
eine über der anderen, eine Pyramide
aus vergessener, verlorener Fantasie.
Ich hätte doch so gerne noch –
und es folgen Aufzählungen,
verlegte Briefe, ein Abendspaziergang
im Englischen Garten.
Unter uns gefrorener Schnee,
der Atem ein schmerzhafter Qualm.
Deutlich sehe ich meine Zukunft vor mir:
Ich werde dich niemals wiedersehen,
ich werde jeden Tag
an diesen Wintertag
denken, als wir
so leichtfüßig
unser Leben
zertraten.

Warst du das, letztes Jahr
auf der Wenzelsbrücke?
Oder sehe ich schon Gespenster?
Deine Worte verfolgen mich, es
waren letzte Worte, sie hätten
mehr Beachtung verdient.
Warum kamen keine Briefe mehr?
Die Jahre haben dich verschluckt,
du bleibst, wohin du wolltest,
oben im Geäst.
Ich suchte im Laub nach Spuren,
und mich begleitete dein heiseres Gelächter
von oben,
aus dem einsamen Gewölbe der Engel.

All die verlorenen Sonntage,
verlebt als Statist neben dem Affenkäfig,
begleitet vom Geschrei der Papageien!
Was tue ich hier?
Wollte ich noch einmal in den Urwald
und bin stattdessen im beheizten
Regenwald gelandet, unter falschen Palmen?
Ich will da weg!
Nach Hause!
Wenn ich das Haus noch finde.
Heim!
Wenn ich noch weiß, wo meine Heimat ist.

So lange werden wir graben, bis sich
endlich ein Knochen findet.
Ab in die Pathologie mit ihm!
Inzwischen buddeln wir weiter, denn
wo ein Knochen liegt, versteckt sich mehr.
Ein Keilschriftzeichen? Keramikscherben?
Wir liegen auf den Knien
vor den Resten unserer Vorfahren.
So gerne hätten wir mehr gewusst,
wie sie aussahen, lebten, liebten.
Ein Knochen erzählt vom Tod,
von nichts anderem.

Niemand kann es lesen, niemand deuten.
Ist es etruskisch?
Wer hat die Deutungshoheit über Skelette?
Etwa mein Hausarzt? Ein Archäologe?
Es flimmert über den Gräbern, immer tiefer
schürfen die neugierigen Krallen.
Was wird von mir bleiben?

Die Tür stand offen, sie nannten es
Pforte, zweiflügelig,
im Traum zögert man zuerst,
die Stimme bleibt weg,
laufen möchte ich, und weiß doch,
die Sohlen bleiben fixiert, weder rechts
noch links, dieses eine Mal wirklich
ohne Ausweg –
und doch, sieh nur, die Türe,
die sich langsam öffnet!
Ich bin sicher, dass alles, was wir erstreben,
hinter dieser Türe liegt.
Eingesunken im Schlaf, eröffnet sich ein Blick auf die
Geschichte,
auf meine lange Vergangenheit, mein abgelegtes Leben.
Die Aussicht heißt nicht Zukunft, sie erzählt mir meine
Historie, und
sie ist erhellt von Erkenntnis und schwarz von Hass.
Ich taumle von Hell nach Dunkel, die Gegenstände bleiben
im Nebel, aber ganz hinten war ein Licht.

In der Wüste, wie im Salz,
findet man sie so unverletzt
von der Zeit, als wären sie
noch am Leben.
Natürliche Konservierung nennen sie es.
Sie forschen unentwegt an der Unsterblichkeit,
aber wir schreiben und schreiben, wir malen
und zeichnen und erfinden,
die Frauen nähen und stricken und sticken
fragile Textilien, die, wenn es gut geht,
zwei Generationen überdauern,
dann kommt der Lumpensammler.
Die Frauen sind Gras, sie welken
mit den Jahreszeiten.
Am Ende kommt einer, der mäht.

Wir kramen die Relikte vom Dachboden, dort,
wo Staub und Taubendreck die Historie der
Gegenstände gnädig bedecken.
Ein Schaukelpferd, ein alter Schlitten und
eine Kiste mit Briefen, die Bänder zerschlissen.
Mein über alles geliebter Schatz!
Wer mag das gewesen sein?
Die Tanten in ihren Krinolinen,
Onkel Pepi im Vatermörder!
Wer kennt den noch?
Seite um Seite des kostbaren Papiers zerfällt,
wir halten die Spinnweben aus Briefumschlägen
in den Lichtstrahl.
Nichts zu erkennen,
Buchstaben und Bütten
aufgelöst wie
die einstige große Liebe.

Noch ist es ein Spiel mit den Möglichkeiten.
Was wirst du mal?
Und am Ende: Wer war ich,
dass ich so versinken konnte, so
weit hinunter in den Erinnerungen,
die nichts mehr erzählen können,
weil sie vergraben werden,
zusammen mit den Knochen?
Eine Auferstehung ist nicht geplant,
auch kein Wegschauen, wenn es brennt.
Oh heiliges Feuer, oh kalte Erde.

Die Geschichtsbücher aufblättern.
Auf den Seiten der Prophezeiungen
Pest und Cholera
und die Asche der Verbrannten
zu Ehren eines Gottes,
der hinter dem Dornbusch verschwand.
Auch wir schweigen,
wir Ebenbilder, die wir
gefangen sind, und bleiben
im Gold der Stummen.
Zur Auferstehungsfeier
wünschte ich mir
blauen Himmel,
einen lärmenden Hubschrauber, der
Haare und Blätter verweht
und den Adler im Triebwerk ausspuckt.

Als ich dich neben dem Selleriefeld
in die Arme nahm, und der
Duft neben mir einschlug,
dass wir nach Luft schnappten,
zwei kurze Züge,
ein Happen Sauerstoff,
da roch es plötzlich nach Chemie
aus dir, die grüne Decke
unter uns wurde
bedrohlich blau,
stank nach Moder
und kräuselte sich unterm Luftzug.
Du lagst aufgebahrt mitten im Feld,
zwei aufgefächerte Blätter
fielen mir aus der Hand
und schlossen deine Augen.

Werweißwo
und lange vorbei:
Glaubenssätze,
Theorien,
Träume.
Ein weißes Blatt
als Tarnung
für mein weißes Gesicht.
Ohren nur noch fürs
Amen.

Aus der Musik
das schmale Rinnsal
von Vergangenheit und Vergessen,
das am Ende der Tage anschwillt,
erst Mauern unterspült, dann
Häuser einreißt und
meine Straße mit Geröll füllt.
Ein Ast gerät aus dem Takt, sein
Klageton führt Blätter mit sich,
schwemmt uns gegen das Ufer,
gegen die wuchernde Gegenwart.

Gott, sagen sie, trennt
die Vergangenheit von der Zukunft,
sein Thron steht angeblich
in der Gegenwart.
Lasst uns also backen, trinken, aufessen
und zufrieden sein, wenn
das Skelett nicht mehr blutet,
die Blumen ihren Metallgeschmack
verlieren und der Mond aufkommt
als leiser Wind in der Nacht.

In die Stille der Nacht fällt ein Kiesel.
Gestern hättest du dich danach gebückt.
Aus der Totenstarre des Sees
ragt der Kirchturm,
bewegen sich Glockenseile zum Spiel.
Wer zuerst mit dem Finger zeigt,
hat verloren.

Keine Erinnerung,
das Gewölbe zieht mich nach oben,
dort, wo am Fuße der Säulen,
die den Himmel bedrohten,
ein Traum und
ein abblätternder Fleck
mein Memento malen,
landkartengemäß,
mit allen Geographien gewaschen,
von Kontinent zu Kontinent fliehend,
immer entlang den Wolken,
die wir vor langer Zeit
aufgestellt hatten
vorm Haus.

Der Wald spaziert aus der Oper,
geradewegs in die nächste Arie hinein,
zwei Soprane schrillen auf, ein Bass fängt sie ein.
Durch die Bretter fliegt der Staub.
Barfuß schlurfen die Komparsen durch die Welt.
Einer stellt den Himmel auf bedeckt, und
zum Frühstück wird der Rest des Mondes serviert.
Ich wende den Kopf zum Ausgang,
ein Mord ist geschehen, ich weiß noch nicht,
an wem.
Aber das Messer liegt da, gebraucht,
und ein Braten schmort im Ofen.
Friede könnte herrschen,
und das Schwarze hinter den Augenlidern.
Die Musik schäumt rot auf, ich hebe die Hand,
ich verspiele mein Leben auf dem Theater.

Manche Wochen verschwinden
von der Landkarte, sie sinken
ungelebt in ihre weiße Ebene zurück,
warten auf Humboldt oder einen der
zeitgemäßeren Katalogisierer,
mit Laptop und Brille.
Ich suche nach den verschwundenen Tagen
in meinem Kochtopf.
Hat nicht die Zunge das bessere Gedächtnis?
Oder die Nase?
Zeitungsausschnitte vom Leben der Nachbarn
oder Schnappschüsse vorm Gartenzaun
geben keine Auskunft.

In der Welt der Topfpflanzen,
der geputzten Fensterscheiben
und der blitzenden Laminatböden
sollte ich zuhause sein.
Mein Pass zeigt das retuschierte
Bild eines Mondgesichts,
keine besonderen Kennzeichen.
Übermenschen kommen zu Besuch,
zeigen Kronen und Diademe.
Hin und wieder
sticht eine Tiara aus der Menge heraus.
Unter dem anrückenden Postboten
bildet sich eine Menge,
deren Profil
politisch versehrt erscheint,
mit Bandagen um Kopf und Rumpf.
Ich warte,
und ich warte,
im Krankenzimmer gehen die Lichter aus.

Die herbstlichen Krautköpfe
färben sich unter dem Licht
einer Sonneneruption.
Ja, wir waren dabei.
Mit Krieg können wir nicht dienen,
aber mit Brennpunkten aus der Naturgeschichte.
In den Büchern, die
zusammen mit meinen Träumen
schon eingesargt sind,
regt sich noch ein Gedanke,
aber er fliegt gleich wieder weg.

Aus fremden Biografien
entnehme ich Beispiele und Muster,
wende sie hin und her,
um endlich zu lernen,
woher mir dieser Gedanke kommt oder jener.
Mein Gedächtnis erleidet
das Schicksal des Rasens,
der gemäht und umgegraben wird
und sauber aufgeteilt in
Blumenrabatten und Kartoffelbeete.

Tief im Herbst, das ist
tief in Gedanken
über eine Zukunft, von der nur bekannt ist,
dass sie kalt wird,
eine Zukunft, die aus der Gegenwart auftaucht
wie aus einer anderen Zeit, oder
aus gefährlichem Moor.
Kindheiten kleben an den Pullovern fest,
es riecht nach Leinöl und altem Schulhaus,
die Kreidekratzer machen uns Gänsehaut.
Aus der Wiederholung alter Sprüche
zauberst du einen Hauch von Ewigkeit
in die verblühenden Astern,
überall letzte Rosen,
verstreut auf dem Kiesweg.

Die Tage sind hungrige Tiger
auf der Suche nach dir.
Aber du bleibst unsichtbar,
auch wenn ich auf deine Homepage klicke
und mir die sogenannte Welt ins Haus hole.
Das ist ein Abklatsch meiner Wünsche.
Wenn ich die Tage sortiere
nach brauchbaren Sehnsüchten,
lande ich im Lexikon.
Dort ist die Vernunft aufgeschlüsselt
und liegt zum Gebrauch bereit.
Das Umblättern führt von einer Erkenntnis zur nächsten,
lässt mich brachliegen.
Ich orientiere mich am Nächstbesten,
und das ist selten das Beste.
Mit gefüllten Taschen spüre ich die Leere,
die kalt aus dir strömt.
Ich mache den Kühlschrank auf,
um der dampfenden Kälte
Einhalt zu gebieten.
Die tiefgefrorenen Früchte
zerplatzen wie Glas auf dem Boden.

In der zerschlissenen Erinnerung
liegt ein Herbstblatt,
mein ausrangierter Traum vom Fliegen über die Äcker hin.
Ich träume von den unbestechlichen Tauben, die
dahin ziehen, wohin sie wollen.
Da stehst du unten mit deinem Futtersack
und wunderst dich,
wie Dichter sich mit Biologie
und Verhaltensforschung auskannten,
ohne studiert zu haben.
Manchmal reicht ein Blick in den Herbsthimmel
zu überirdischer Erkenntnis.

Aus den Beschreibungen einer exotischen Heimat,
die sich über Nacht gen Westen verschob, ergeben
sich Bilder und Windrichtungen wie im  Meeresgrund.
Es ist das nasse Haar der Untergetauchten,
das nicht trocknen will.
Es klebt fest an der Stirne.
Wir sehen zu, wie die Tageszeiten
zu Jahreszeiten mutieren,
ein Kreislauf, erklärt man uns,
aber nichts wird klar.
Zu viele Erdarbeiter, Kohlenträger,
nutzlose Grabwühler mit
schwarz gefärbten Wangen,
als zögen sie in den Krieg.
Mit Herbstlaub vermischt,
Orchideenketten an den
Sklavenhälsen,
geben wir auf.

Die Jahrestage, rot angestrichen im Kalender,
mischen sich mit den Katastrophen des Alltags.
Hier ein Geburtstag, daneben der Unfalltod des Nachbarn.
Ich eile von einem Datum zum nächsten, ich verkleide mich
und möchte so gerne die Zeit anhalten oder zurückdrehen.
Wer warst du vor zwanzig Jahren, oder vor dreißig?
Muss ich heute Angst haben vor deiner Geschichte?
Und wer kennt dich noch aus der Zeit der Träume?
Wo hast du die alten Briefe versteckt?
Und wo dich selber?

Nicht an jedem Abend kommt der Besucher an die Tür.
Er sucht sich den November aus, dann wieder den Januar.
Im Dezember ist er zu beschäftigt,
und im Sommer geht er schwimmen.
Immer, wenn es läutet, denke ich an ihn.
Er ruft nie an, aber wenn mein Apparat schrillt,
höre ich ihn.
Auch beim Aufwachen steht er sofort neben meinem Bett.
Sehe ich Gespenster?
Sollte ich Fenster und Türen geschlossen halten?
Ich blättere in den Gebrauchsanweisungen
für Versteinerungen.
Es sind die gleichen Rezepte wie für Fingerabdrücke.
Man muss den Linien folgen, die ihre Netze ausbreiten.
Die Suche nach übereinstimmenden Spuren in der Haut
bringt mich auf den Gedanken,
in den Biografien nach Parallelen zu suchen.
Ich schlage das Fotoalbum auf und fahnde nach Gesichtern,
die sich auf meins projizieren lassen.
Ich bin sicher, dort stoße ich auf die Erklärung.

Es gibt den Unterschlupf
für den Herbst, den wir
abends aufspüren
auf der Suche nach Kastanien.
Wir schreiben Oktober,
ein Brief erzählt von
Rekordtemperaturen
in einem Tal, das
nach Carmel benannt ist,
und ich stelle mir vor,
wie du in den Wagen flüchtest,
in die Air Condition der Firma Ford,
während ich
hier
im Nebel
nicht aus und ein weiß.

Nach der letzten Eiszeit kam der Winter überraschend.
Aus den vertrockneten Flussbetten
erhebt sich die Lawine der Steine.
Eine Treppe führt hinab
zum Schwanengrab.
Ein Bademeister hält Wache.
Hilflos sehen die Engel zu,
wie Kinder am Ende des Stacheldrahts
triumphierend jubeln.
Wir Zuschauer wissen,
die Zeit der kleinen Siege ist vorbei.

Krähen überm Dach,
die Melodien werfen Schatten,
zähflüssig ziehen Wolken und Minuten:
Ich habe die Linie zu früh gezogen,
sie schließt das Leben ab
und hält mir den Mund zu.
Augen zu, damit die Märchenfiguren kurz aufflattern.
Ein Sperling! Eine Katze!
Wir schauen weg.
Ging so das ewige Leben?

Das Sterben – eine Frage der schwarzen Vorhänge?

Noch nicht! Warte! Noch ein Wort! Ein Satz! Eine Weisheit!

Die Krankenschwestern nehmen Bücher zu Hilfe.

Aber schon ist alles bedeutungslos.

Meine Reichtümer werden im Abfall versenkt.

Gebt mir ein bisschen Geld in die Hand – man kann nie wissen!

Sie nähern sich dem weißen Bett mit Mundschutz, mit Ohrenschutz,

mit Brillen aus Fensterglas und Handschuhen aus Plastik.

Nein, nichts mehr reden!

In die Stille ein Dröhnen vom Gang her.

Da hört jemand noch Radio.

Ich rätsle über den Hieroglyphen der Packungsbeilage,

brav schlucke ich alles, was blau ist.

Fliederbuschrätsel von Fragen und Antworten.
Aus der Sicht der Amsel bist du ein Riese.
Ist es schwer, unterm Sturm zu atmen?
Geben die blühenden Büsche dir Recht?
Mindestens drei Fragen aus der Kindheit
hast du noch frei.
Und Wünsche?
Jeder glaubt an die Märchenfee und wartet auf sie.

Im Garten bieten sich Plastiksessel an, während
das Leben oder der Sommer mit den Augen zwinkert
und dann wegschaut in die nächste Jahreszeit.
Werden wir den Herbst erleben?
Früher wunderten wir uns
über die sprechenden Blätter,
die vom Norden her wehten.
Ja, setz dir die eiserne Krone auf,
dass es schmerzt!

Auf der Suche nach Schönheit
kommt mir dein Foto dazwischen,
ein schwarz-weißes Dokument,
das in Schubladen verwest und
den Gestank der Historie verbreitet.
Unvermutet fallen Heuschrecken
ein ins nostalgische Gehirn.
Ich möchte endlich aufwachen
in einem anderen Jahrhundert.

Wallenstein lächelt mir zu, weißt du noch,
letztes Jahr in Prag?
Ich nehme meinen weißen Seidenhandschuh
aus dem Autofach ,
ich wickle mich tief in die Sitze,
wage einen Blick nach draußen
und sehe die Landschaft stillstehen,
eine Kinoeinstellung, weit weg
von allem, was in den Geografiebüchern
verheißen wurde, etwa
neue Erkenntnisse in der Wüste,
bahnbrechende Erfindungen
am Nordpol oder gar Marsmenschenzähmung
per Computer.
In den leeren Schachteln treibt sich
dein Jugendbildnis herum,
ich suche weiter, spiegle mich im See,
verwechsle Ich und Du,
und komme heim mit einer Wirklichkeit,
die ich schnell vergesse.

Man muss kein Indianer sein,
um den Fremden zu riechen.
Deutliche Spuren im Laub.
Sorglos zündet er seine Pfeife an,
hinterlässt weiße Schwaden
im trüben November.
Ich schleiche hinter ihm her,
sammle Kastanien,
sammle Munition.
Schließlich verkrieche ich mich
unter den Laubhaufen am Ende
des Wegs, bin der Tarnkappenigel,
Relikt des Sommers.

In der kurzen Nacht verlor ich eine Spur,
die bekennen sollte, es war ein Folterweg
ohne Zuschauer, von weither kam ich,
suchte nach Zeichen fürs Fliegen und
fürs Verharren und fand, als der Morgen
graute, abgetragene Stiefel, den leeren
Rucksack und Sand in den Socken.
Ich schickte mich an, den allwissenden
Traum zu beerdigen, wischte mir die
Augen und folgte dem Weg eines Seglers.

Was die Finger noch leisten,
wird von der Lage der Dinge bestimmt.
Geh an den Strand, sammle Steine
und Hölzer auf, such dir im Sand
den göttlichen Auftrag.
In der hohlen Hand sterben die Absichten,
sie überleben keine zwei Minuten.
Da geht einer übers Wasser!
Die Polizei steht stramm.
Im Marschbefehl hieß es, verboten, verboten,
nichts mehr erlauben, durchgreifen, eingreifen,
denn wir wollen Ordnung, ein einfaches Leben,
einfach durchschaubar,
mit täglicher Kündigung

Was ich noch will,
heute oder morgen,
aber so viel ist sicher:
noch in diesem Leben:
dein moosgrüner Blick.
Beim Wünschen bist immer
du es, der mir zuerst einfällt.
Deine Handbewegung, mich
fern zu halten, deine Abwehr.
Einmal wollte ich, wenn es Nacht
wird, nah bei dir sitzen, Hand in Hand,
und den Kopf sinken lassen auf deine Schulter,
wie im Traum, und lange, am liebsten ewig so bleiben.

Die Häuser stehen noch.
Wir standen auf dem Dach
und ließen die Federn auffliegen.
Aus den Fenstern eine fremde Musik.
Zwei Statuen, zwei Engel aus Stein?
Ein Widerhaken hat sich in den
Haarspitzen festgesetzt.
Hier, über der Stadt, versuchen wir
den regelmäßigen Atem der Friedenszeit.

Die ersten Hieroglyphen
vom Rahmen abgelesen
*do not lean out*
ein Leben lang
aus dem Zugfenster gelehnt,
die Rezepte
die Landschaften
das lahme Leben der Photos
in einem Album unterm Arm.
Wir sind die alten Freunde,
die sich zufällig trafen,
an einem Nachmittag
am Hauptbahnhof.

Mein Schweigen dauert Jahre, ist
Antwort auf Lähmung und Atemnot.
Sei zufrieden, ich gebe dir den Zehnten
meiner Liebe, das ist genug für dich.
Ich lese in deinen Hautabschürfungen.
Ich beobachte stolpernde Knie.
Ich schaue aus dem Fenster auf den
Marktplatz, wo das Leben stattfindet,
wo du inmitten der Historie dich als
Ratsherr verkleidet hast und mit
der goldenen Kette rasselst,
aber ich fürchte mich nicht.
Ich nehme dir den Metallreif
vom Kopf und setze ihn selber auf.
Jetzt bete mich an!

Ich weiß, daß du aufs nächste Jahrhundert wartest,
auf bessere Bedingungen, auf eine Reise im Orient Express.
Bis zum Ende des Fahrplans werde ich auf dem Bahnsteig
bleiben, werde warten, ob du kommst und mich mitnimmst.
Als wir uns endlich an den Händen faßten und unsere Nägel
sich unauflöslich ineinander verkrallten, da fanden wir
den Mut, auf die Schienen zu springen, gerade als der
verspätete Schnellzug aus Paris heranbrauste.

Sollte die Geschichte ganz anders gewesen sein?
Haben wir noch zehn Jahre gewartet, bis die
Verhältnisse sich besserten, die Butter billiger
wurde, die Lebensmittelgesetze wirksamer,
die Vorschriften fürs Überleben abgeschafft?
Du hast immer das einfache Leben so sehr
geliebt, in den Büchern.
Du wolltest am liebsten mit Murmeln spielen.
Geduldig rollst du mich zwischen den Händen,
aber ich ergebe in Ewigkeit keine Kugel.
Niemand hat dich vor mir gewarnt.
Mit deiner abgeschürften Haut mußt du zum Arzt.

Aus deiner Bibliothek sind auf einmal
alle bunten Einbände verschwunden.
In der grauen Buchdeckelwelt finde
ich mich nicht zurecht, und so streue
ich Chilipulver auf die Lexika, als
roten Faden.
Du solltest mir helfen aus dem Labyrinth
der Versprechungen, mir wenigstens im
August eine Sternschnuppe zeigen.
Ach, fielst du mir aus dem Himmel
direkt in meinen Vorgarten!

Ich drehe an der Kugel, bis die Spiegel an der
Iris auftreffen, eine Schrecksekunde lang.
Ein flatterndes Hemd, das aus dem Fenster
weht, ein Luftzug, der alles mitnimmt, was
sonst noch fliegen könnte.
Hab keine Angst, schenk mir freiwillig beide
Augen, zum Festhalten.
Ein Vergessen wölbt sich über deinem Kopf,
davor fürchtest du dich.
Das Gitter vor dem Gefängnis rostet
schon, wirf endlich deine Kleider ab
und decke mir den Tisch mit Haut und Fleisch.

Angst macht sich breit, Angst vor den letzten Sekunden,
wie die Angst der Kinder vor Veränderungen, dazu zitierst
du Hölderlin, und ich küsse in Ehrfurcht deine Hand.
Wie die Verrücktheiten sich gleichen, der Irrsinn, der sogar
in den malerischen Türmchen wuchert, in die hellgrünen
Zweige der Weidenbüsche hinein, die sich verknoten.
Im Dickicht der Beistriche, Satzanfänge und Besonderheiten
der Grammatik fängst du immer noch einen Hauch von Sinn ein.

Jeden Moment geht die Welt unter, und Regen
schüttet die Gasse zu.
In letzter Minute rettet sich
die Geranie vorm Fenster.
Bleib, wo du bist, schreit das Dorf.
Die Äcker schwimmen davon, und
ich besteige Noahs Arche unterm Balkon.

Der Sturm schreit in den Ruinen.
Noch ist Stille unter meinem Dach.
Ein alter Mann geht vorbei, mit Stock.
Ihm folgt der Hund der Nachbarin.
Tenöre singen in der Heizung.
Dein fremdes Gesicht fleht mich an:
Erlöse mich
oder
laß mich in Frieden.

Der Abend ist jedesmal eine Enttäuschung.
Ich hole mir Rat bei einem Fischer, der heimkehrt.
Ich will bleiben, aber.
Ich will gehen, aber.
Wer die Wolke zuerst sieht,
wird sterben.

Das Fragezeichen hinter den Wolken, dort,
wo es rosig hinaufschwebt, aber nicht lange verweilt.
Der Wind weht es höher, und mit den Tageszeiten
gehen die Fragen langsam unter und verschwinden.
Am Abend sitzen wir armlos am Feuer, die Finger
irgendwo auf einem Baum.
Das Reisig glüht.
Immer mehr Geister kommen zu Besuch.
Sie drängen uns weg, sie schneiden die Tulpen ab.
Spät abends auf dem schwarzen Kies nur noch ein Schiff.
Der Mond hält sich den Wintersklaven
in der Hütte vorm Haus.

Mit der toten Katze am Motorrad, die Reifen
durchgedreht vom schnellen Bremsen vor Julias Balkon,
singst du morgens schon die Litaneien der Liebe.
Wer hört dir zu?
Die Capulets sind ausgezogen,
die Reklame häuft sich vor den Portalen.
Wäre nicht die Katze und deine Stimme,
die getrockneten Tomaten
am Geländer, der Feigenbaum mit den singenden
Blättern –
dann wüßte ich nicht, daß du eigentlich der Prinz Myrrh
aus meinem
Kinderbuch bist, zufällig gelandet und zufällig anhaltend
vor meinem Haus.

Denk nicht mehr an mich!
Vergiß alle meine Namen!
Das Meer hat mich durchgeschüttelt,
und was bei Mondlicht noch übrig ist,
ein Haar, der schwarze Hut,
trägt ein anderer weg.

Der Untergang der Sonne hinter Lithi, mit dem
schmalen Streifen Rot zwischen den Wolken
und dem Meer und dem Himmel und mir und
zwischen dir und dem kleinen schwarzen Kaffee
in deiner Hand, all das ,
du weißt es,
während ...
Zwei Sonnen stehen am Himmel, der weiße Hund
trottet vor uns her, hinter uns die Fischer, die
ihr Boot vertäuen.
Niemand nimmt Notiz, weder von dir noch von den
Fußstapfen im Sand. Während wir
den Abend festhalten, du mit deiner
und ich mit meiner Hand,
da geschieht es, daß wir dem Weltuntergang zuschauen,
du in mir und ich in dir,
und später berichtet der Rundfunk, man hätte gewußt
oder wissen können,
und sie sprechen uns schuldig.

Von den schlaflosen Nächten gestählt im Alleinsein,
mein Einsamkeitskick, der die Augen abwehrt.
Sogar die Blicke des Kellners gehen durch dich hindurch,
du bist Glas geworden an diesem durchsichtigen Morgen
im Herzen des Balkans, wo die Revolutionen anfingen,
bis sie in den weißen Hallen der Mönche endeten.
Juli und August und Dezember verschmelzen in eins
und du bist plötzlich das fremde Gesicht hinter der Theke,
das lächelt.

Die Prozession der dunklen Gesichter,
Sonntagnachmittagsblicke,
die Gleichgültigkeit der gebügelten Blusen,
der ruhenden Augen –
das alles verschwindet, kommt zurück,
um endgültig zu versanden.
Ich harre aus auf meinem Beobachtungsposten
mitten im Stadtcafé,
muß aus den Augenwinkeln in die Sonnenschirme
blinzeln, aber
trotzdem erkenne ich jede Einzelheit von Kopf bis Fuß,
das Videofutur
erscheint auf Knopfdruck an der Stuhllehne,
ein übergroßes Bild von
dir und mir, das Fernsehen brachte es vor einer Woche,
als ich plötzlich –
war's nicht auch ein Sonntag – meinte,
ich müßte deinen Kopf mit einem
Streich abschlagen und mich dann
mit einem schwarzen Aufschrei weit
in die Ebene stürzen, all den Hunnen nach,
und Etzel in seiner Trauer
sah um die Ecke geradewegs zu mir her
an meinen Tisch, und er grüßte.
Ich blickte zurück, weil mir schien,
er meinte nicht mich, aber da war
sonst niemand, nur die unverputzte Wand
des einstmals berühmten
Hotels, und ich lächelte zurück,

wollte etwas Verschlüsseltes in dein
Gesicht schreiben, am liebsten in Arabisch,
ein Rätsel für die Passanten.
Neugierige saugen sich fest an mir
und dem Herrscher der Hunnen, der
in schwarzen Schuhen steckt und mit seiner Reitgerte
herüber droht,
ich überlege, ob es eine Geste der Liebe ist
oder ein Zeichen für Haß.

Die Welt ist weit weg, weil du sie in Photographien
verbannst.
Die Nähe muß weichen, die Gegenwart kommt
in den Abfall.
Dafür verherrlichen wir die Zukunft, wir sind
die Weltkulissenschreiber, sitzen lässig in der Registratur
herum und schauen zu, wie das Alte das Neue auffrißt.

In meine Träume kommst du
wie eine von den Wolken, die
wie zufällig überm See fliegen.
Deine ersten Worte haben sich
in mir fest gebrannt, ich bin
meiner eigenen Geschichte fremd.
Die Worte und die Wolken schwirren
überm Tag dahin, Turandot sollte
ich sein für dich, du fütterst mich
mit Schlaftabletten, ich fresse dir
aus der Hand.

Der Himmel hat sich im Olivenbaum versteckt.
Er schickt den Mond vor, jetzt um fünf, der sieht
auf uns herab, als ginge ihn nichts was an.
Wir fassen uns an den Händen, was bleibt
uns anderes übrig, denn die Idylle aus Meer
und Bergen, so oft besungen von schmutzigen
Poeten, die sich erholen wollten von New York,
dieses Naturgemälde wankt unter den Sandalen.
Der gierige Finger von King Kong greift mitten
hinein in die C-Dur-Lüge der Jupiter-Harmonie.
Seine Gelenke knacken, als er uns hoch hebt und
den Mond zudeckt mit seinem rasierten Hinterkopf.
Schwarz ist die Welt, und Tinte fließt aus unsern Adern,
ein Bad für Schmetterlinge.

Kein Gesetz gegen blaue Himmel, gegen Sonne, die anbricht mit dem Tag, gegen das Glück, die Arme zu dehnen! Ein dunkler Fleck zeigt sich überm Pazifik, wir sind geübt im Rätselraten, fahren Fernrohre aus und mikroskopieren die Zeit und die Ferne, bis wir sie heimtragen in der Aktentasche.

An Sommerabenden leuchten sie rot auf, die
schwarzen Hügel hinterm Reihenhaus,
und meine Eingeborenen beginnen mit ihrem
Singsang vom Untergang der Kulturen in der
Steinzeit.
Sie werfen mit Giftpfeilen nach uns in den
offenen Autos. Wir schützen uns mit
wattierten Jacken und Feuerwehrhelmen.
Wir können nur lachen zum bösen Spiel,
denn wir wissen genau, die Zeit der Gefahren ist
längst vorbei, wir fürchten uns nur noch vorm
schwarzen Mann, der aus den Minen klettert.

Du hast mir den Baum gezeigt,
der zum Haus gehört, und das
Eichkätzchen, das dich besucht.
Du hast den Rasen gemäht und
die roten Blätter zum übrigen
Herbst geworfen.
Du hast die Schaukel bewegt, in
der ich saß, da bin ich
weggeflogen, haushoch
über dich hinweg.

Wie uns das Flattern der bunten Wäsche beruhigt!
Die Welt ist eingeteilt, heißt es, in Morgen und Mittag und
Abend, das nächtliche Schwarz ist eher ein Zwischenfall.
Aus Lautsprechern erteilen sie Befehle, die Hund und Katze
befolgen, sich auf Dächer flüchten zu Reisig und Oliven.
Die scharfe Stimme schießt im fröhlichen Dur
mitten durch Aug und Ohr.

Das sind die Utensilien der Nacht:
Ein Schmetterling, noch unbestimmt,
das Messer, der Schmuck am
Hinterkopf des Indianers und ein
paar Baumwipfel, die sich nicht
abfinden mit ihrer Größe, sich
beugen und verneigen, vielleicht
vor mir?
Ich stehe am Aussichtspunkt zum
Sonnenuntergang, das Rot hat
Augenblicke lang Gedanken
entzündet, die das Ende von Tag
und Leben beklagten.
Ich zähle meine Stunden.
Die Rechnung geht auf.

Hinter Vorhängen schaut der neue Tag auf dein Kopfkissen.
Das Fenster zeigt dir, wozu die Gegenwart
sich aufrafft: Motorengebrumm und die weißen
Wolken der Autos im Winter, dein Atem vermischt
sich mit der Morgenmusik aus dem Radio, mit dem
vertrauten Geröchel der Kaffeemaschine, und die
Hand, die mich gerade noch hielt, stellt den Wecker ab.

Der Abend belebt sich, ich setze
langsam meine Brille auf.
Draußen hebt der Schnee an.
Das Zimmer dreht den Hahn zu,
alle Augenblicke wird der Besucher erwartet.
Endlos die Tonlagen im Telefon.
Schreib wenigstens auf, wen du nicht erreichst.
An Morgen die geschlachteten Tiere, an Füßen
gefesselt, erhängt, gefroren.
Dein Atem hängt weiß an den Zweigen.
Die Kellertöne im Cello gehören nur mir,
aber in den Sopranstimmen gurgelt es
fremd, bis ich das Gaumensegel entkorke
und meine Wörter heraus schreie, Solo in D-Dur.

Während die Wolkenbrüche in die Dachrinne fallen,
unter dem Lärm des Regens meine Stimme lauter und
lauter ausgreift, träume ich davon, ein Saxophon zu sein,
eine Trillerpfeife, so eine Druckwelle,
die dich glatt umhaut,
dir in die Ohren fährt, daß dir Hören
und Sehen vergeht und
du endlich aufschaust von deiner Zeitung,
her zu mir, zu den
leeren Gläsern, den gerauchten Zigaretten,
 zum leblosen Inventar
unseres Lebens, von dem nur die Abfälle
noch herumstehen.
Im Anblick des Meeres oder im Anblick von dir,
es bleibt der Sand
in den Schuhen vom Ausgreifen des Schritts,
und draußen ein Abdruck.
Der Landregen, diese Fortsetzungsgeschichte,
hebt noch einmal alles
auf den Tisch, und ich lege meine Augen dazu,
neben den Aschenbecher.
Die Nähe verschwimmt in der Nässe,
damit die Weite und Ferne unserer
Geschichte zunimmt, endlich.

Der Mond geht mir nach durch alle Bäume, es ist
die Sichel, die durch die Wolken fährt und dann
mitten durch mich, sie halbiert meine Augen.
Nie mehr werde ich sehen wie vorher.
Aus der Nacht kommen sie, bedrängen mich
in meinem so sicheren Auto.
Sind es die Engel?
Ihre Aschengewänder machen mir Angst, und ich
fange an mit Nägelbeißen und Zähneklappern.
Alle Räder knirschen unter den fröhlichen Befehlen,
Schwager vorn, Gevatter am Ziel.
Wir rasen durch die Viertel der Weißen, aber
die Straßen bleiben schwarz wie in East Philadelphia,
keine Hand vor den Augen, keinen Fuß vor den andern,
alle Schreie erstickt.
Schwarz ist nicht dunkel,
es ist die Krankheit der Schatten.
Jemand wirft ein Wort nach vorne zu mir,
ins späte zwanzigste Jahrhundert, und
ich spüre scharf und endgültig
den Schnitt der Mondsichel.

Vergessen, was ich gelernt habe über Tischsitten,
mein Messerchen, mein Tellerchen, mein Gäbelchen –
was mir immer hoch und heilig sein soll, Vaterland
und Mutterlieb,
und was man nie aus dem Mülleimer holen darf,
alte Liebe, ferne Liebe,
Liebe.

Die Welt läuft fort, längst ist er eingestürzt,
der Himmel überm Gebirge.
Ein Erdbeben von deinem Haus zu meinem Haus,
den Kirschbaum hat es gefällt, spring zur Seite
in die Sonnenblumen, die Zitronenmelisse,
bleib noch, bleib liegen.
Der neue Tag fängt an ohne dich.
Vielleicht mitten drin, wenn du aufwachst,
ein Brief, mit fremden Nachrichten von Fremdlingen.
Sie gleiten über dich hin, setzen sich in den Haaren fest,
und du fängst an mit den Vergleichen, dem Wetter.

Gab es Berge in dem Land der fünf Ströme,
und – wer hätte sie gesehen?
Findest du jemals einen Stein, einen
müden Klepper mit Metall am Fuß,
der das Rennen machte?
Du gehst einen Fußbreit zum Abgrund, schlitzt
den Apfel auf, und die Haut der langen Erkenntnis
liegt abgezogen vor dir, ein Sessel mit Plastikbezug,
im Muster der Jahrtausendwende, also lange
nach meiner Zeit, und lange vor deiner.
Plötzlich haben die Engel Sommerkleider an,
sie frieren unterm Flügel.
Ein Himmel tut sich auf,
Wolken brechen aus,
und ganze Völker wandern.

Die Küchenlampe läuft aus,
ihr Licht fällt auf Krautköpfe
im Spülbecken.
Zum Fenster herein späht
der Postbote, seine Taschen
stoßen an die Rahmen.
Er flötet auf gerollten Briefen,
entlockt ihnen seltene Melodien.
Am liebsten höre ich ihn
Liebesbriefe singen.
Sopran aus seiner Nase,
es entsteigt die Prinzessin
und fliegt ins Porzellan
zu den Intarsien.

Mannabrot vom Mittagsbaum, eine Nacht lang
die hohen Töne
aus dem Garten, eine Nacht lang
mit den Ameisen fliehen, aber
darauf vergessen, ihre Beine zu zählen, viva la vida!
Ohne Überzeugung singe ich mit, vom fernen Zischen der
Kurzwellen irritiert, alles verloren,
heute am frühen Vormittag.
Die Schreibmaschine hackt Verse wie Zahlen,
und das Nachbarhaus
fällt in sich zusammen, aber das rührt mich nicht,
ich sitze da mit der
Aussicht aufs Klettergerüst und denke an dich,
wie du vermutest,
finde aber kein Blatt mehr zum Aufschreiben
der Einzelheiten, die dich
erfreuen könnten, oh, wie sehr ich dein Haar vermisse,
den kurzen
Aufblick vom Schreibtisch weg,
wenn das Blau in den Augen
aufleuchtet, hell und scharf, mit Absicht
schaust du mich so an.
Nein, ich schreibe dir nicht, heute nicht
und morgen nicht, die Zukunft
mit dir habe ich längst ad acta gelegt,
ich geh nur noch in die Stadt, um
Zeitungen zu kaufen. Du sollst, so schwöre ich mir,
nur noch in meine Fotosammlung eingehen, als eine
Ansicht von einem Gesicht, eingezwängt zwischen den

Rocky Mountains und der Wüste von Nevada, denn die Weite Dakotas finde ich sowieso befreiender, ja, dein Lieblingswort! Aber es gilt nicht für dich, denn ich schneide dich aus allen Bildern heraus, lege die Buntfotos dann auf schwarzen Grund, damit dein Schatten weiterlebt, wenigstens auf den Negativen.

Ich trage dein Gold im Plastikbeutel,
bis die Polizei mich stellt,
rue Daubenton, zweitbestes Viertel,
gleich neben dem Eingang zum
Jardin des Plantes.
Tauben fliegen auf,
ein Alter hat sie gemästet,
für mich.

Dunkel, immer wieder das Lieblingswort,in allen
Sonnenstrahlen,
den Wolken, den Caféhäusern.
Es durchdringt das Licht, es fällt
zwischen die Ameisen in den Pflanzkübeln, setzt sich ab.
Lichtbündel sammeln sich, das ja, aber das Dunkel?
Gewitterwolken, Regen, der Weg dahin das Ableben,
das Wachsen
der Trauben im Herbst.
Der lange Weg durch das Dunkel, im Keller, im Vorraum,
im Wohnzimmer, in der Schlafstube.
Woran denkst du bei dem Wort?
Gedichte? Angst? Kerzenlicht
und abgeriebene Zitronenschale?
Ein neuer Albtraum wälzt sich zur Türe herein: Schwarz!
Der Gipfel, das Gipfelkreuz, dann Abstieg,
Fall und Blindheit.

Das Schulterzucken beim Tod der vielen Unbekannten.
Und die Übelkeit, die sich bei den Leichenbergen einstellt.
Wir sehen drüber weg, wir prosten uns zu: alte Bekannte,
diesseits und jenseits, es hat ja doch keinen Sinn.
Sollen wir uns einen haltbaren Sinn erfinden, in
all der Dunkelheit?
Beweg dich, damit du siehst, daß du am Leben bist.
So schnell ist der Sinn entschwunden durch die Hintertür.
Er schlägt Haken, er geht krumme Wege.
Also durch die Talsohle, den Hang hinauf, zum Gipfel!
Ferner denn je das Kreuz, die Fata Morgana der Berge,
und sie war doch eben noch zum Greifen nah.
Die Ahnungslosen aus den Ebenen, aus den Überblicks-
und Rundblicklandschaften stolpern geradewegs ins
Dunkel.
Sie ahnen nichts, sie sehen nichts.

Wir spüren schon die Elektrizität in den Haaren, denn die
grauen Wolken senken sich herab, hautnah, machen uns
unsichtbar, knistern und spucken Blut und Tränen aus.
Einer nach dem andern kontrolliert seine Barthaare.
Noch! Noch gibt es mich, in all dem Dunkel.
Noch atme ich, lese die Zeitung, rege mich über Politiker auf.
Sterbefälle? Nie gehört!
Dafür aber Haushaltsplan, entworfen, genehmigt,
verworfen.
Am Doppelsinn erstickt.
Die Wörter ziehen ihre Spiralen im Hirn, ich komme
kaum nach.
So viele Antworten auf eine Frage.
Schließlich die Zweifel.
Beim Augenschließen gerät die Welt in die Zentrifuge.
Wer rausfällt, hat eben schon gelebt.
Und plötzlich ist die Gegenwart die Zukunft, sonst nichts.

Die Rettungsversuche und die Schlingarme und die
marode Philosophie, die wir fleißig auswendig gelernt
haben – sie alle gehen leer aus, werden hin und wieder
abgefüttert, zusammen mit den Köderfischen, die uns
begleiten im Schwarm.

Der Himmel wird schwarz, es gibt keine Wolken mehr.
Er ist ein Terrarium, merke ich zu spät, und die Besucher
zahlen Eintritt, sie werfen uns Körner zu, aus den bunten
Tüten, die man am Eingang verkauft.

Ich reiße die Augen auf, klappe sie zu, und der Blick
unter Wasser wird klar: die griechischen Vasen, der
Terrakottabasar, moosgrüner Samt über allem. Meine
Hand drückt den Knopf, und die Fischkadaver und die
antiken Scherben quellen das Netz auf, reiche Beute in der
sternklaren Nacht.

Seit den Morgenstunden der Blick aus dem
Dachbodenfenster ins herbstliche Grau.
Die Landschaft spendet Trost und sagt:
Ich überdaure dich.
Das eingeritzte Herz wird anderen berichten.
Ein Herz mit einem Pfeil, der mittendurch geht.
Von den zwei Buchstaben getroffen, geht der
Betrachter weiter, in den Wald, als wäre nichts
gewesen, als wäre nicht ich es, die mit dem Fernglas
seine Schritte verfolgt.

In der fremden Heimat, mit dem Sonnenschein überm Wald
gehst du ins falsche Haus, spät nachts, hörst die Sterne singen,
bist voll mit Vokalen, die du vorher noch nie gehört hast,
allein, nur das Echo eines schreienden Vibrato in dir.
Auch wenn du schneller läufst und der Mund sich befreien
will, aufseufzt unter dem Sturm der Gedanken, die im Hals
gefangen sitzen, wenn langsam Helligkeit aufkommt und du
schreist Jetzt! Jetzt!, wird es zu spät sein für ein neues Gedicht.

Dort, wo die Sicht aufhört
und der Himmel weiß aufleuchtet, schweben
Engelsflügel aus dem Lesebuch,
es könnte auch ein verirrter Komet sein
oder einfach die Ankündigung einer Schlechtwetterfront.
Dort haben sich die Zeichen eingegraben,
nach denen ich mein Leben
einrichte, die Briefe mit den Kreuzchen,
die aufflattern, zusammen mit
den Möwen zur Mittagszeit,
wenn das Licht die Schatten erklärt.
Dann gibt es nur noch eine Lösung,
die Wenn und Aber ausradiert.
Es wäre das exakte Aufeinanderschichten
der Bauziegel am Haus.
Jemand aber reißt das Dach weg, so gegen zwölf,
und der Regen am
Abend macht es deutlich: kein Herd,
kein trockenes Hemd mehr, und
aus den Bässen dröhnt das einsame Klopfen,
das mich weitertreibt,
weiter hinaus, auf Wanderschaft,
den Katalog der alten Wörter unterm
Arm, feige und zu allem entschlossen,
mit dem breitkrempigen Hut,
unter dem sich das Leben ausbreitet,
der Wasserfall Tag und Nacht.

Sein Lärm bringt mich nach Kurdistan
oder nach Texas, aber nicht in
die Gegenwart, er sperrt die Zukunft aus
und bleibt im Innenohr.

Aufgehängt im Trockenspeicher,
nächtelang über dem Rascheln
von Ratten und Mäusen rätselnd,
werfe ich meine Kleider ab.
Kein neues Gesicht zeigt sich da unten,
kein noch so kleiner
Ausblick durch geblümte Vorhänge –
das Leben zieht vorbei.
Die dunklen Weissagungen,
vor langer Zeit ausgestoßen wie
Rülpser von Riesen, ließen die Erde schaukeln,
nur zum Spaß.
Wie lange habe ich auf Zeichen gewartet,
auf einen Regenbogen
vor der Haustür, die umsonst
offen stand mit Katzenloch und
ausgerissenen Schlössern,
davor die Flüchtigen aus dem Zoo.
Die wilden Tiere schienen gezähmt,
ihr Fell leuchtete weiß, und
wenn du, auf der Suche nach mir, es streichelst,
stäuben Funken
auf, wie Wörter nachts im Kopf,
wenn die Träume weichen.

Ich lerne Stundenzählen, Minute für Minute,
und heute weiß ich wieder ganz genau, alles
ist schon aufgeschrieben ohne mich.
Die abgelegten Buchstaben werden verwaltet
von alten Prinzessinnen, die sich neu verkleiden
als Bibliothekarinnen in Jerseykleidern.
Sie reiben die Konsonanten ab, sie wedeln mit
Federboas über Dramen hin, im Zehnminutentakt.
Der Schneefall kümmert sie nicht.
Erfrorene Wörter brechen von selbst ab, und draußen
im Eis tanzen sie Tango, bis der Frühling kommt.
Ich lese mich durch die schlimme Jahreszeit und
kaufe mir noch zwei Pullover, zum Überwintern.
So sollen sie mich finden: starr und weiß, und den Kopf
voll mit Sätzen, die sich überworfen haben mit mir.

Das Licht kommt nicht mehr aus dem Himmel, es
hat sich zwischen Sträuchern verkrochen.
Ich locke mit Chorälen, ich
schreie mir die Kehle wund.
Auf dem Boden aus Schnee
bleiben noch lange die Spuren.
Jemand schleicht sich nach mir ins
Haus, bleibt hinterm Vorhang.
Graue Blätter, Fäden aus Wolle,
Haare aus dem goldenen Kamm,
und das Wachs der Kerzen, die
brennen bis in die Nacht.
Ein Brief erscheint am Horizont,
schwarz auf grau,
jemand hat ihn dort abgestellt,
während wir, voll Hoffnung,
auf den Postboten warten.

Vorbei an den Rosengärten,
ich krieche zu den dunklen Haaren
unterm Hemd und lausche den unfertigen Gedanken,
zu denen
der Motor rauscht – meine Brandung im Ohr,
die große Muschel
zwischen dir und mir auf dem Weg mitten
in den Pazifik hinein.
Die Sonne brennt auf Ungerechte in den Cafés,
ein dunkles Auge
sucht nach mir, es hat auf Fernsicht geschaltet
und findet mich.
Das Muster des Gartenstuhls zeichnet
mein Gefängnis auf dem
Marmor, dazu die Eselsschreie
mit Chorgesang aus einem Auto.
Jemand hat Ketten geschmiedet draußen auf dem Pflaster.

Ich kehre die Sonnenblumenkerne unters Beet,
sie können warten.
Ein ausgeblichener Himmel kommt
von weither geschwommen, der
weißbärtige Nikolaus ist auf dem Weg zu dir,
er trägt die Geschenke
vom Vorjahr, Heldentod, Geschichten vom Gral,
ein drohender Blitz.
Die Mexikaner sammeln das leere Geschirr ein,
düster droht die Nacht
aus der Türe, denn wir sind verloren.
Unser Tod scheint in Leuchtschrift auf.

Ich bin der Aschenregen, ich
wachse in das graue Gras,
mein Mund sprüht Feuer,
an meiner Haut sterben
die Fliegen, und wenn der
Wind kommt, fliehe ich
aus meinem Kerker und
tanze mit dir in die Nacht.

Auf den nächtlichen Fahnenstangen
weht meine Nachricht.
Sie füllt sich auf mit Erinnerung an noch mehr Schwarz.
Dir wollte ich den Traum aufsticken mit Goldgewebe,
hellen Federn, Lavendel, ganzen Büscheln grüner Minze.
Wach auf, singen die Vögel im Garten, sie mischen ihre
Stimmen mit den Kassetten von mir, eine Symphonie
schriller Töne, die dich an diesem Morgen weckt.

Umblättern, sagst du, schnell, bevor es Mai wird,
die Tage länger, und so bald wieder kürzer, paß auf!
Mein Ohr will nicht hören, es setzt sich an Geigenklängen
fest, kein Gramm Dur, jede Menge Oktaven.
Die Geometrie nistet sich im Herzen ein,
einem falschen Platz – aber wo gehört sie hin?
Hast du nicht die halbe Realität zum Sonderpreis
unterm Ladentisch verscherbelt, mit Augenzwinkern?
Wir kommen spät abends als Bittsteller, feilschen
bis in die Nacht, setzen uns ins Auto, fahren heim.

Ich werde dir ein Denkmal setzen, mit meinen Mitteln,
aus Pappmaché, und jeder Windzug wirft dich um.
Die dunklen Reste einstiger Glorie mischen sich mit
alten Photos aus abgelegten Alben.
Während ich noch klebe und reiße und die
verkehrte Welt auf den Kopf stelle, ruft
der Nachbar die Müllabfuhr an.
Ich möchte ein Gespenst sein,
das auf deinem Skelett Tango tanzt.

Wir strengen uns an, das Hoffen abzuschaffen.
Es reicht, die Abenddämmerung für exakt 18.30
zu prophezeien, dich in aller Klarheit zu sehen,
mit Geburtsschein, Taufschein und den Daten
und Zahlen, die nicht für die Ewigkeit gedacht
sind, sondern, statistisch, für ein Leben von
71 Jahren, Arbeitsjahren, Pensionsjahren, Ferien,
Krankheiten und Versicherungen aller Art.
Darin steht die Liebe als ein Zeichen für
gesunden Hormonhaushalt, ihre Wechselspiele
und ihr Ende, nichts mehr zu hoffen.

Ein ums andre Mal aufgestanden,
dem Tag ins Auge geblickt,
Vergangenheit mit Zukunft
gemischt und immer wieder
angefangen, unermüdlich,
Montag bis unendlich, schließlich
Nimmerleinstag, ein Brief im
Schlitz, das Cape umgehängt,
und auf in die weite Welt, zu
den beschriebenen Flächen
im Mondschein, auf denen sich
dein und mein Schatten bewegt.
Hic Rhodos, lese ich nach, und
das gleiche steht in der Zeitung.
Sie verkünden es von der Kanzel,
und im Fernsehen kommt es,
frisch gedruckt jeden Tag neu.
Ich jedenfalls erkenne an den
Schuhsohlen und am nassen Hut
und am dampfenden Atem:
Hier kann nicht Griechenland sein.

Du sitzt zwischen verwelkten Rosen, das
sind die Briefe, das sind Sätze aus Briefen
mit abgesunkenem Wasserspiegel.
Du schaust auf die Spargelspitzen,
die sich im Tischtuch verhaken, und
das Radio fängt an zu rauschen,
wie auf Befehl.
Aus dem Rahmen überm Tisch lächelst du
selbst, rotwangig, im Schaukelstuhl.
Unter dem Teppich fließt der Mississippi,
zwei Jungen winken vom Dampfer,
wir kennen ihre Namen.
Irgendwas ist stehen geblieben,
aber es ist nicht die Uhr.
Kein Licht mehr aus den Fenstern,
es versteckt sich im Vorhang, und die Katze,
die dahinter atmet und schnurrt, spielt
Sonntagnachmittag.
Der Besuch kommt nicht, wir sitzen da und warten,
eine Glocke sollte läuten, damit wir weiterleben.

Eine knappe Stunde bleibt dir noch fürs Testament,
Dust to Dust, und die Müdigkeit, den Griffel wegzulegen,
den Löffel.
Endlich zubeißen, ohne Gerät, mitten ins Gras!
In den geschrumpften Endsilben verfangen sich
zwei, drei Wörter, sie sollten bleiben, sollten mir
einfallen, wenn ich sie brauche.
Ich kämme die Buchstabenwelt durch, und poliert
verschwinden ganze Sätze im Nebel.
Die Sqaw schläft schon, im Zelt glimmt das Feuer.
Durch den Lärm der Bibliotheken,
das Zuschlagen der Bücher,
das Umordnen der Seiten und den Fleischwolf
der Ventilation
gehindert am Schreiben, am Aufschreiben
der beweglichen und
unbeweglichen Güter: nein, ich vererbe niemandem was.
Ich bleibe in meinem Haus,
auf meinem Stuhl sitzen, versteckt
durch den Tod, und mein Nachfolger
rückt schon den Sessel
zurecht, schreit auf und wirft die Familienfotos weg.
Jetzt ist meine Zeit gekommen, die Zeit des Zupackens.
Sie werden sagen, da spukt es, oder: wohne da lieber nicht.
Am Ende der Nacht fühle ich mich viel zu jung
für ein Testament.

Wann endlich werden wir fliegen lernen
so wie Mathematik, in der Grundschule,
von irdischen Lehrern, ausgebildet auf dem Mond.
Dann drücken wir auf die Knöpfe an beiden Schultern,
kurbeln den Motor im Kopf an und treten auf den
Anlasser irgendwo rechts unten im Gehirn.

Ich blättere die Hausdächer auf,
und was darunter zu lesen wäre,
erzählen mir die erschrockenen
Augen der Nachbarn.
Unter den roten Ziegeln finde ich
Jahrhundertgeheimnisse, sauber
verpackt in Schiffkisten.

Ich kenne den Zwerg aus deinem Garten,
er hat mir meine Mütze gestohlen, und
frech schiebt er seinen Wagen im Kies.
Aus dem Wohnzimmerfenster schieße
ich mit harten Erbsen auf seine Nase.
Es gibt Scherben, sein Gesicht wird
zum angefressenen Totenkopf.
Er fällt um, und der Nachbar naht
mit dem Gesetzbuch.
Nur der Schubkarren mit den Geranien
hat den Rachefeldzug überlebt.

In den Krümeln zweier Jahrzehnte tauchen
Passanten auf, die vorbeifliegen, mit ihren Hüten.
Das vertraute Manuskript bleibt vom Handschuh
umklammert, du sprichst von einem Trennstrich
durch Wörter und Silben hindurch, von einem
Punkt und durchsichtigen Kommas.
Einstweilen geht das Leben nicht weiter, es wartet,
bis du am Tisch sitzt und Zeit hast, den Jahreslinien
im Holz bedächtig nachzufahren,
immer tiefer in die Wolken hinein, immer stetiger
in einen Himmel, der nachklingt mit alten Geschichten.

Irgendwo suche ich nach dem Sündenbock, bin vorsichtig
am Käfig und zähme das Schicksal
mit einem Stück Zucker.
Die Stäbe sind von beiden Seiten gleich,
und so frage ich mich:
Bin ich der Wärter, oder wirft mir
schon jemand Futter vor?
Am Schwarzen Brett die schrecklichen Nachrichten
für den,
der lesen kann und die bunten Bilder richtig deutet.

Ich schaue den zugefallenen Augen hinters Lid,
das sich noch bewegt, wie in leichtem Schlaf.
Ein herzzerreißender Gesang geht um.
Es ist Valentinstag. Sie dekorieren die
Särge mit Schleifchen, legen Konfekt darauf.
Die Strümpfe der alten Damen laufen bläulich
an, und draußen friert es immer noch.
Komm herein, schreie ich dem Weißhaarigen zu,
der an meiner Glastür vorbeizieht, komm herein!
Liegt's an den Stimmen um mich herum, daß ich
nicht durchkomme mit meinem dünnen Sopran?

Ich nehme den Bleistift, so wie ich früher zum Messer griff,
seitwärts, auf ein Steak hoffend oder ein paar Gedanken.
In der ganzen Stadt riecht es nach verbranntem Fleisch.
Der friedliche Teppichboden tut sich auf, ich sinke ein,
zwischen den Wollefäden dröseln Knoten auf.
Die flache Terrasse tut sich auf im Morgenlicht, und die
beiden Unzertrennlichen erscheinen, Castor und Pollux,
wie auf Befehl, braungebrannt zurück von den Bahamas.

Die Welt ist weiß,
sie liegt
unbeschrieben vor mir
und stumm.
Es gibt
die Jahreszeiten,
es gibt
Regen, Schnee und Sonne,
aber nicht für mich.
Gleich wird sie beginnen, meine Welt,
gleich,
und als erstes
werde ich
kleine, schwarze Insekten
zum Leben erwecken,
die krabbeln
übers Papier
und spielen Sinn.

Ein Zaubermittel, das die Geschichtsbücher
zum Leben erweckte:
Man goß Tinte, das alte Teufelsgebräu,
über Napoleons Stirne.
Sie schwoll an,
ein praller Ballon überm
Himmel von Fontainebleau.
Und weiter floß der dunkle
Strom über Wangen und Kinn,
immer weiter hinunter, bis
der aufgeblasene Winzling
in der Schwärze verschwand
und auf immer verschollen blieb
in der hintersten Ecke des Schulzimmers.

Sie reden von uns wie von Bauruinen.
Saniert sollen wir werden, grunderneuert,
teilrestauriert, vielleicht sogar entkernt?
Mit neuen Innereien, implantierten
Zähnen und Gelenken, beweglichen
Scharnieren, erneuerten Portalen.
Irgend jemand wußte genau, was zu
tun, wie uns am besten zu helfen wäre.
Wir standen herum, hoben hilflos die Arme,
ließen sie fallen und seufzten,
als sie kamen, in weißen Mänteln.

Wenn der Tag fortschreitet mit Wolken
und Regen, wenn er uns einlullt in
Mittagsmüdigkeit und so tut, als wäre
der Postbote ein Engel, der goldene
Kuverts austeilt, dann ist Vorsicht geboten.
Aus den Hieroglyphen von beschriebenen
Suppen und Soßen lese ich Mörderprogramme.
Haltet den Vermummten mit dem Beil!
Ruft die Polizei! Rottet euch zusammen!
Oder gebt auf.
Am Ende sitzen wir auf gepackten Koffern
und halten das Fotoalbum der Kindheit fest.

Die Nacht geht einsam spazieren, hält an beim Mond,
der schweigt und sich in Wolken suhlt.
Ein Grashalm ist übrig geblieben, sieht sich um
überm Schnee,
neigt sich und schläft wieder ein.
Im Keller halten Äpfel und Ratten Winterschlaf.
Laß die Türe zu! Schau nicht ins Schwarze!
Es blendet wie die Sonne.

An den Ufern sitzen und klagen, am Ende ankommen und
vom Anfang träumen, einem neuen Beginnen, das sich
ankündigt mit außergewöhnlichen Wolkenformationen
und der Mittagsglocke vom Dom.
Bet, Kindlein, bet.
Es ist nicht der Schwed, vor dem wir Schutz suchen
in den Krypten und Gewölben, es ist
der große Unbekannte, den keiner
gesehen hat,
von dem
aber
alle
flüstern.

Es ist Nacht, wie immer, wenn du gehst.
Ich kratze mit dem Löffel die Stunden zusammen,
und Reste eines anderen Lebens häufen sich unterm Laub.
Gestern noch waren wir im Garten, im Haus, am Ufer
unseres versteckten Sees, da sahen die andern uns an und
dachten nichts Böses.
Inzwischen hängen Überbleibsel
von Haaren und Kleidern
an den Bäumen, die wir streiften.
Du kannst von Glück sagen, daß der Bus pünktlich hielt,
daß du dich auf den Platz
am hinteren Fenster setzen konntest
und noch lange deine Arme und Hände nach mir
ausgestreckt hast,
als ich da stand und den Rücklichtern nachsah.

Zwei Takte Gesualdo, bevor ich versinke
in einem Leben, das nichts mehr bereit hält.
Ein paar Stimmen säumen den Abhang.
Grün und blau und versunken bietet sich
die Landschaft an, aber ich schaue weg.
Früher kamen noch Zwerge, wohin des Wegs,
oder ein Versprengter aus dem Altenheim.
Die Allee schließt sich über mir, hin und wieder
greift ein Zweig ins Leere und zieht mich mit.
Der Himmel ist für immer dort, wohin er gehört,
nämlich nicht zu mir.

Nicht nur die Passanten stecken die Köpfe zusammen,
wenn ich vorbeigehe.
Fenster glotzen mich an, Vorhänge fächeln mir Kälte zu,
die Straße tut ihren unersättlichen Schlund auf
und beißt zu.
Ohnmächtig im Maul der Zeit halte ich die Luft an.
Auch die Stille ist wie nicht von dieser Welt.
Langsam heben sich Felsen und Vulkangestein
und zeigen den direkten Weg in die Hölle.

Es gab den Ausweg ins sommerliche Blau.
Die bunte Ausstattung aus Kinderbüchern
trieb ihr Unwesen in den Augen.
Für ein paar Jahre befriedeten sich die Gedanken.
Waren wir endlich angekommen?
Spätestens dann, wenn der Mond den Schornstein
Zum Minarett machte und auf die Ungläubigen
ein falsches Licht warf, kamen wir zur
Besinnung und verkrochen uns im Laub.

Es brannte, und die Feuerwehr stand nicht
im Telefonbuch.
Der Ernstfall trat ein und ergoß sich übers Dach
in den Garten.
Dort stehe ich und halte den roten Schlauch
direkt in die Träume, die mit den Flammen kämpfen.
Sie werden sterben, ihre Asche soll Salatbeete düngen
und ihre Helden will ich verglühen sehen auf den
goldenen Kissen, die sich krümmen und verwerfen
unter dem Ansturm der Hitze.
Dem schütteren Skelett des Hauses gebe ich
zum Abschiede den Todesstoß, mit nackten Zehen.

Mitten in die Adressen aus aller Welt, in
das Rauschen des Schienenwinds
schleichen sich aufblitzende Gemeinsamkeiten.
Eine Nacht allein im Zug von Frankfurt nach München.
Wie gut, daß die Gesichter im Halbdunkel
nebeneinander liegen, daß wir im Dämmerlicht
mit den Knien uns berührten und die Körper
sich zuerst erforschten, von ferne, ein Hauch von
Kleidung, beredte Zehenspitzen,
dann ein Wort.
Wer bist du?
Ich erzähle von mir in der Vergangenheit,
ich gebe dir langsam
mein Lieblingsbild von mir.

Nicht nur die Fluren bereinigt, die Straßen
begradigt:
der Garten Eden in Quadratmeter eingeteilt,
von oben die Ansicht und unten die Aussichten,
geordnet beide,
und in Bahnen geteilt,
du und ich
mit den Quadraten vor der Stirn.

Ein Blatt,
ein Blatt Papier, es läuft mit dem verwehten Ahorn
um die Wette, es raschelt, und ein ganzer Himmel macht sich
auf die Flucht.
Es schwebt überm Berg, läßt sich hierhin und dorthin drehen,
narrt dich, fängt dich, läßt dich los.
Du bist das Blatt,
unbeschrieben, wie am ersten Tag der Wanderung
oder der Aufzeichnung, weiß bis ans Herz, ein Bleistift wird dich
durchbohren, vor deiner Zeit.
Schon bläht sich das Leintuch über dir,
der Wind hebt es hoch, und
darunter atmet noch einer,
aus,
ein,
während ich dich kalten Auges beobachte.

Wir spielen Laufen und Fangen,
die Spatzen pfeifen ums Haus herum.
Woher kommen sie auf einmal?
Unter Scheinwerferklängen packen sie
ihren Proviant aus, errichten Zelte
mit Sehschlitzen auf der Wiese.
Warten wir, bis es Nacht wird.
Aus dem Küchenfenster
lasse ich Nebel ab.
Gegen Morgen macht sich eine Schar
ungleicher Vögel auf, sie hocken
im Kreis mit schwarzen Hüten.
Stundenlang lauern sie.
Sie starren aufs Fenster,
wir starren zurück.

Gerade so weit wie das Ufer reicht,
gerade so weit, wie die flachen Steine
hüpfen, stottern, fliegen, versinken,
gerade so weit hast du nach dem Himmel
gegriffen, als Wolken tief genug sanken
und der Wind aus der richtigen Richtung kam.
Wer läuft am schnellsten?
Wer wirft am weitesten?
Der holt sich auch der Königin ihr Kind.

Seit Jahren treibe ich mich als Fremder
in den Straßen herum, die Kinder werfen
mit Steinen nach mir, mit Schneebällen im Winter.
Ich bin der Spieler mit dem falschen Würfel.
Ich verstecke mich unter Filzhüten.
Mit den Tannennadeln schließe ich im Dezember
Weihnachtswetten ab, wer putzt mich, wer
brennt mich ab, wer gibt mir Glühwein zu trinken.
Meine kranke Stirn treibt die Eingeborenen
in die Flucht. Der Pesthauch weht vor mir
her, ich senke den Blick, ich biege den
Rücken, damit er unter den alten
Torbogen paßt, ich lege mich flach vor den
Barockaltar, mea culpa, die Orgel brennt.

Die Kathedrale atmet aus, der Organist hält ihr den Mund
zu und verordnet Adagio mit Höhenluft, Saint Etienne du
Mont, Sonntagabend, Weihnachtswind, Schneetreiben
und Weihrauch vom Vortag, der feierlich aus dem
Samtvorhang wallt, wenn du dran rührst. Aber dein Herz
steht still, als Glocken und Orgel gleichzeitig nach dir
greifen, ein Seil ist gerissen, aber ich weiß nicht mehr,
welches, und wo.

Es gibt vier Hände, aber sie falten sich nicht, es gibt
ein Paar Augen, die übergehen, Blicke, die sich in der
Dunkelheit auflösen, ein Halleluja, unversehens,
beiläufig, zwischen Bach und der filigranen Treppe, die
den Raum kunstvoll teilt in Sakral und Profan.

Wie auf Geheiß erscheint Louis XIV, der mir, gestern noch,
den Hof machte, aber was sagt das schon, er reichte mir
wächserne Trauben vom Silbertablett. Langsam schälte
er sich aus dem Spitzenhandschuh und hielt die gezierte
Linke zum Schutz über mich. Die Manuale seufzten tief,
und die Füße des Organisten trampelten

Exitus furioso,

und die Gläubigen auf den geflochtenen Stühlen
schreckten auf aus Schlaf und Vergessen, sahen sich im
Chorgestühl um, wo der blaugeschürzte Hausmeister
erschien als Racheengel.

Heilige Genoveva,

bitt für uns in der Novembernacht von Nebel und Kälte,
mitten in Paris.

Zwei mal zwei Teller, abgezählt die Marmeladentöpfe, die warmen Semmeln, die dampfenden Kaffeetassen, und vor uns die Verheißung des Freitagabends, bei geschlossenen Türen und Jalousien.

Vor uns die Sintflut, die abgehackten Köpfe, aufgespießt am Feldrain, bestaunt von Tausendfüßlern und Katastrophentouristen, wo bist du?

Ich lege den roten Teppich aus, noch blutig von den Orgien der Jäger. Aus den Büschen Gitarrenseufzen, Vorsicht, Zigeuner! Ich finde dich zu spät neben dem Wegweiser, den tropfenden, frisch geschnittenen Birken.

Weggeschickt den Brief, aber keine Ahnung, wo du lebst,
die Adresse mit Zitrone auf weißes Papier gesetzt, wann
bist du weggegangen, wann kommst du wieder?
Ein grüner Vorhang aus Wiese verdeckt, was einmal du
und ich war. Während du in den profanen Wörterbüchern
suchst und findest, wie du dich endlich von der Last
befreist, der Poesie und von mir, wirst du atemlos vom
Blättern. Ein Dichter geht vorbei, du blickst nicht auf.
Er wirft dir einen Blick zu, dann noch einen. Willst
du nicht hören? Fühlen wirst du müssen. Deine
Handflächen liegen vor mir. Ich wende mich zu dir, deiner
feuchten Innenhand, möchte Wimpernreißen spielen,
Fingertürme, Zehenkartenhäuser errichten.
Frühmorgens Nagelbettmachen, danach
Versteckenspielen hinter der Mauer. Ich lauere dir auf,
wenn du fröhlich und ahnungslos so gegen zehn am
Vormittag Milch holst und Brot für einen Tag.
Kein Duden kommt dir zuhilfe, vergeblich suchst du den
Supermarkt ab nach den unverweslichen Packungen. Den
Geldbeutel schlagen sie dir an der Kasse aus der Hand.
Ein Mißverständnis, brüllt es aus dem Lautsprecher, ein
Mißverständnis wie eine Verheißung. Geh heim, kauf sie
morgen, deine Milch, hör auf mich, mach den Platz frei,
ich stehe schon da und winke vom Thron herab.

Auf der Kehrseite des Lichts
mit dem Rücken zur Sonne
lasse ich die Augen Umwege machen
durchs Vergrößerungsglas hindurch.
Meine abwägende Hand, die zählt und
verhandelt und sich einrichtet auf dir.
Ich hebe den Zeigefinger, drohe nach oben,
um zu beweisen, daß ich immer noch lebe.
Wir richten uns ein, als wäre nichts gewesen, sitzen
harmlos beim Abendessen, in das die Glocken
einfallen, vom Tal herauf.
Ein Augenblick sollte über den ganzen Winter
wegtrösten, ein Kaminblick ins Feuer, und dann,
ganz langsam, her zu mir.

Im Donner von tausend Motoren geht die Welt unter.
Erst suchte ich Schutz unterm Madonnenmantel, aber
der war dem Ansturm der feindlichen Mächte
 nicht gewachsen.
Er zerriß wie sein großes Vorbild im Tempel.
Die bleiche Stewardess warf mir eine Schwimmweste zu,
eine Lebensweste, wie vermerkt war,
wo aber sollte das Meer sein?
Unter uns die Wüste New York, über uns Schnee aus
Labrador,
und die Uhrzeiger im Mond fallen langsam ab.

Eine grausame Sonne, die den See mit Gold überschüttet,
gerade als ich wegfahre, in einen Tag ohne dich.
Wie alle Morgen seit jenem Tag, ohne Schicksal erwacht,
mit wilden Hoffnungen, mit Fluchtgedanken.
Ach, würde nur der Zug anhalten auf freier Strecke!
Deine Sonne geht mir nach, ich denke an dich und
widerrufe mein Versprechen, das ich mir selber gab.
Bald schon wird alles überflüssig, was nicht
Du ist, meine Nachtgedanken, wenn der Tag anfängt, wie
alte Telefonnummern, die plötzlich emportauchen.
Ein Zeitalter ist soeben vergangen, ich rechne nach,
drei Jahrtausende seit meiner letzten Liebe.

Ich denke dein
Mund ist schmal geworden.
Du hast mich stumm geredet.

Ich denke dein
Auge ist kleiner geworden.
Du sahst mich früher anders an,
so zwei, drei Jahre ist es her.

Ich denke dein
Herz ist vergraben
und kennt mich nicht mehr.

Seit Tagen schießen sie zurück,
nicht vorwärts.
Jetzt belagern sie Baracken und
verbrennen die bunten Fähnchen
aus dem Supermarkt.
In den Pinselstrich, der dazwischen fährt,
ritzen sie mit dem Schürhaken Wunden.
Wie kannst du nur in solchen Zeiten
Farben mischen und Zustände malen!

In der Stille des weißen Zimmers wachsen die
Bedeutungen.
Die Augendeckel kratzen an der Wand und lesen
Unverständliches
aus Verputz und Tapeten.
Um zehn Uhr tritt das Jüngste Gericht auf.
Weiße Bögen verkünden gleichgültig einen weißen Tod.
Offiziell steht dem Exitus nichts mehr im Wege.

Aus den Gartenruinen winkt Erlkönig mit schlaffer Hand.
Verirrten wir uns nicht gestern im Nebel?
Mich umarmen die Bäume am Ufer, sie meinen es ernst.
Meine Seele jubelt nicht, sie legt sich schlafen,
ohnmächtig
den vier Windrichtungen ausgesetzt.

Aus dem verschütteten Vulkan
erreichte mich deine Stimme
eines Abends.
Ich horchte auf den Ton
und formte schon die Lippen zur Antwort.
Ein Vogelskelett sah mir über die Schulter und
sagte mir Formulierungen vor
in seiner Sprache.
Ich krächzte ein unverständliches Willkomm
und tappte weiter auf der Fährte
meines Traumes von dir.

Mach die Tür zu,
laß die Mondfinsternis ein!
Ich liege vor dir in der Nacht,
meine Schreie spucke ich ins Taschentuch.
Du stehst auf der Treppe vorm Haus
wie vorm Altar, gehst in die Knie,
und reichst mir gnädig die Handschuhhand.

Die Landschaft vor mir sitzt zu Pferd,
wir warten auf die Indianer,
gleich werden sie ihren Schrei ausstoßen, und
ihre Pfeile werden irgendwo ins Schwarze treffen,
bevor es Nacht wird.
Ich kann es kaum erwarten
bis zur Titelgeschichte morgen früh.

In der Furcht vor dem Echo hat sich der
Schrei aus dem nächtlichem Urwald
in meinem Traum versteckt.
Ich küsse John Dowland die Füße, yes,
to kiss, to die!
Aber vorerst habe ich dir aus der Hand gefressen,
sie liegt auf dem Klavier wie auf dem Beet.
Sie läßt sich verehren.
Ich stehe neben der Türe, lechze nach deinem Blick.
Wirf mir doch deinen Herzschlag herüber!
Wachauf, spricht die Uhr, fahrab, spricht der Fahrplan.
Hast du alles? Augendeckel, Handschuhe, den Schal, den Hut?
Endlos hinter der Biegung des Schnellzugs.

Ein neues Aufstehen am Morgen,
in eine verheißende Sonne hinein!
Ich habe zu Ende gebracht,
was im Schreibtisch schmorte, habe es
in die Küche getragen, auf den Herd gesetzt
und die Garzeit eingestellt.
Jetzt nur noch warten, nicht mehr von
Salz und Gewürzen verlockt,
nicht den Deckel anheben, auf keinen Fall!
Du läutest, du suchst nach Fahrkarten,
dabei kommt das Inventar
des vergangenen Jahres aus deiner Tasche gequollen,
es macht sich
in der Erinnerung breit
und füllt mich schon bis zum Hals.
Du wirst mich in deinen Koffern ersticken, ich sehe mein
Herz im Dunkel wild herumhüpfen, es ringt nach Luft.
Nein, schreie ich, ich komme nicht mit!
Ich habe was Wichtiges im Topf, ich warte.
Ein erstaunter Blick, ein Winken, ein Blick auf die Uhr.
Jetzt ist alles egal, ich gehe aufs Ganze,
ich öffne das Fenster.
Ich sperre den Tag und die Sonne in meinen Käfig.

Die ausgestochenen, kleinen Weihnachtswörter
in Sternform und himmelblau verziert, um das
Hexenhaus gewickelt, doppelt verschnürt.
Eingesperrt mein kleiner Finger, zu vorwitzig,
winkt zwischen den Stäben heraus, singt das
Lied von Hänsel und Gretel, ein garstig Lied.

Vollgestopft der Mund mit Fett und Trauer, verlassen mich
am Ende des Tages auch noch die Wörter.
Ich schlage die Grammatik auf, greife willkürlich nach
einem Etymon, bin ständig auf der Suche
nach Sätzen, einem Rest von Sinn.
Die Zunge trocknet aus, und wenn endlich die Sonne
aufgeht, blättern alle Buchstaben ab.

Vor dem nächsten Besuch
lasse ich mich impfen
gegen die Blicke des Vaters,
gegen die Bitternis
der Frauen im Haus, die
ihre Zellen hassen und schmücken.
Du sollst mich tief unter die Haut,
dorthin, wo die Seele anfängt,
dorthin sollst du mich stechen.

In der ersten Stunde daheim
geht es darum,
Kontoauszüge zu ordnen,
den Fahrplan wegzulegen,
nicht mehr mit den Zeiten
und Gezeiten zu kokettieren:
fahr ich oder fahr ich nicht.
Nein, er liebt mich nicht.
Die Wahrheit sickert ein,
ich bin die Erde,
aber die Wurzeln verbreiten
das falsche Gerücht.

Eine Windrichtung lang kommt der Ball geflogen,
er stürzt sich auf mich, er läßt sich nicht halten.
Ausgezählt, und bald schon vergessen.
Reporter und Zuschauer bellen sich
Nachrichten zu, Bälle,
spielerisch hüpfen sie dazwischen.
Bei Flutlicht, spät in der Nacht,
versickert die Mannschaft im Gras.
Wer hat gesiegt? Wer spielt nie mehr?
Aber wer spielt weiter?

Unbemerkt gingen die vielen Jahrhunderte
vorbei, sie liegen mir schwer im Magen.
Jetzt, im Alter, raten sie mir zu Handschuhen.
Es seien noch die von meiner Großmutter da.
Daß die Hände nicht stille stehen, dafür
gibt es Gebrauchsanweisungen.
Ich wundere mich, wenn mir etwas gelingt.
Ein Streichholz zündet im Wind!
Es dreht sich die kleine Welt
in der großen, und
darüber hinaus gibt's Rettung
nur noch als Fiktion,
in den Wolken,
vom Hubschrauber aus.

Ausgesperrt aus den Erinnerungen,
eingesperrt im weißen Käfig,
Ruhe,
sagen sie beschwörend,
Ruhe!
Ich liege im Pharmafrieden
unter der sauberen Decke,
ein bleiches Neonlicht
geistert an der Wand.
Hin und wieder
hebe ich die Hand,
damit der Schatten
Leben suggeriert.
Schläuche tränken mich,
Schläuche saugen mein Gift ab.
Ich bin freigegeben zur Besichtigung
jeden Sonntagnachmittag.

Der wiederkehrende Traum
hat mich aufgeweckt. Ich
wache auf in die Katastrophe hinein.
Endlich hatte ich die Türen durchschaut,
ihre Mechanik geknackt und einen Blick
dahinter geworfen, ins Geheimnis.
Die weiße Leere des Wintertags lag vor mir,
in der Kälte waren die Freunde gestorben.
Ich sah auf den Ausschnitt der Welt, den
ich erforschen wollte, ich sah nichts.

Es war keine Sternschnuppe,
der Wunsch nach ewiger Liebe
verglühte mit dem Satelliten.
Wir sahen in den Sommerhimmel,
das Meer dröhnte,
ein steter Wind blies über die Dünen.
Wir fanden uns ab mit dem Weiterziehen
der künstlichen Sterne
als einem Naturereignis,
und wir wundern uns, daß
alle weiterleben, als sei nichts geschehen.

Nur noch die Kräne
wachsen in den Himmel,
und von dort geben sie
Signale nach unten, zu uns,
die wir knien und anbeten.
Bei Stürmen dräuen sie überm Dach,
und wir fallen nieder, tief in den Staub.
Langsam senken sich ihre Fühler
in den Keller,
der Gott lenkt die Zunge im Maul
und die Engel holen
die angesammelten Schätze
des Lebens
ins neue Haus.

Ich schaue in die Stunden des Tages,
ich mache Pläne und
verwerfe sie,
ich schreibe zwei Briefe,
viel zu kurz,
und hoffe, der Abstand
zwischen den Zeilen
ist größer
als der fehlende Sinn.

Im Schatten eines Traumtiers,
das die Klauen ausstreckt
nach mir,
schleiche ich durch Kindheit
und Leben.
Eines Tages, so die Verheißung,
kommst du ans Licht,
knobelst Lösungen aus,
kniest nieder
und stellst dich gut
mit dem Schatten,
der dich verbirgt.

Die Uhren zeigten auf Mai, als wir ankamen in Rosemont,
und in den Zeitungen stand: Fürchtet euch!
Schon der Postbote am Nachmittag
kommt vom andern Stern,
er verteilt Gut und Böse
nach Briefmarken.
Mein Haus markiert er mit dem blauen Kreis.
Später im Jahr,
wenn sie nicht mehr schwimmen im See, wenn
immer öfter das Rotlicht aufblinkt am Ufer
und wir dastehen in Gummistiefeln,
beide Hände versenkt im Südwester,
Später im Jahr
sitzen wir über den verteilten Botschaften
und rätseln die halbe Nacht.
Am Morgen sind wir müde
und wissen immer noch nichts.
Erst wenn der Schnee fällt und liegen bleibt
und der freie Blick geradewegs zum Zaun geht,
zeigen die Spuren schwarz und grau
zur Türe,
ins Haus.

In der Zwischenzeit,
die zur Hauptzeit arriviert,
gehen wir, etwas wirklich Sinnvolles zu vollbringen.
Das kann abgezählt werden,
liegt eins zwei drei
vor der Türe,
gibt sich gar die Hand,
wedelt fröhlich mit dem Schwanz,
als wäre nichts gewesen.
Und es ist nichts gewesen, schließlich.
Einer kommt
ohne den andern
um die Ecke.
Einer kommt
immer allein.
Er klopft an, er schüttelt den Schnee vom Hut,
stampft kurz auf und tritt ein.
Sie sehen sein rotes Gesicht und das abgeschnittene Ohr.
Sie wünschen, die Zeit soll hinaus zum Schnee.
Inzwischen geht, in den Minuten bis Mitternacht,
die Welt unter, beim Suppelöffeln.

Kalter Morgen,
die Füße sterben ab.
In den Zeitungen schreiben sie
vom Tod der Freunde
im fernen Kurdistan,
unter der Rubrik Außenpolitik.
Mein Garten blüht, in
Deutschland feiern wir Sonnwend
mit Lichtern auf den Bergen.
Du nimmst mich an der Hand,
wir springen mitten in die Flammen,
für einen Moment
Gefahr spielend,
oder Geschichte,
bis zum nächsten kalten Morgen.

An allen Ecken,
wo ich nichts vermute,
wo die Schuhe stehen vom Vortag
und ich zur Probe hineinschlüpfe,
immer noch überlege, wo ich dich treffen könnte,
an allen Ecken.
Staub und Spuren wie nicht von mir.
Reich mir den Eimer herüber,
und den Staubfetzen!
Schon nach dem ersten kräftigen Hinlangen
tun sich die Fenster auf,
und ein Krähenschwarm zieht ein,
fegt durch die Etagen
und grüßt die Fledermäuse
oben am Vorhang.
Erzähl mir nichts mehr von Zukunft!
Hilf mir lieber, den schwarzen Federnmüll
wegzukehren, aus allen Ecken.

Du gibst mir einen guten Rat,
den Rat eines Freundes,
der vom Essen aufsteht,
den Autoschlüssel aus der Hosentasche holt,
den Kiesweg abwärts tief einsinkt,
sich mit beiden Händen in die Gegenwart zurückwühlt,
der endlich aufbricht,
aber den Rat, den Satz
hinterläßt
neben dem Geschirr auf der geblümten Tischdecke,
den Satz, den ich später aufschreibe,
der tagelang
als Rätsel über mir schwebt.

Sie verschwinden im Frühling,
ziehen weiße Spuren am Himmel,
halten sich erst an Flugzeugen,
dann an Wolken fest,
bis das Telefon läutet.
Es gibt einen unüberhörbaren
Knall in die Gegenwart hinein,
ins Frühbeet.
Sieh auf die frischen Salatköpfe
und kümmere dich ums Unkraut.
Dann gib den Setzlingen Wasser und
ruh dich aus auf der Bank.
Dort oben, die Kondensstreifen!
Die Wolken!

Zwischen den Sonnenstrahlen
und der brennenden Allee
macht sich ein Spinnennetz breit,
prall gefüllt
mit Nahrung für den nächsten Tag.
Wir rasen drüber weg, die Wolken vor uns.
Der Wind narrt die fliegenden Rockschöße
von anno dazumal.
Auch die Felder
rüsten sich
fürs Mittelalter.
Wir schwingen Morgensterne
über die Köpfe der Tyrannen
und meinen es diesmal ernst.